LA
RESPONSABILITÉ
DES ACCIDENTS
DEVANT LE PARLEMENT

PAR

Le Baron A. R.

AVOCAT AU BARREAU DE PARIS

PARIS

L. WARNIER, LIBRAIRE-ÉDITEUR

48, rue Laffitte.

1888

LA
RESPONSABILITÉ
DES ACCIDENTS
DEVANT LE PARLEMENT

PAR

LE BARON A. R.

AVOCAT AU BARREAU DE PARIS

PARIS

L. WARNIER, LIBRAIRE-ÉDITEUR

48, rue Laffitte.

1888

LA
RESPONSABILITÉ
DES ACCIDENTS
DEVANT LE PARLEMENT

Depuis un siècle, les conditions du travail se sont profondément modifiées.

Non seulement l'outillage s'est transformé, non seulement la production s'est accrue et, par voie de conséquence, le nombre des ouvriers a augmenté, mais le milieu social a changé, l'atmosphère, pour ainsi dire, dans laquelle se meut l'industrie, n'est plus la même qu'il y a un siècle.

L'opinion publique, de plus en plus portée à s'intéresser au sort des travailleurs, tenue au courant, d'un bout à l'autre du monde civilisé, des moindres faits qui les concernent, s'émeut plus vivement qu'autrefois des dangers qui les menacent, et se préoccupe davantage des moyens de prévenir les accidents, ou du moins d'en réparer les conséquences lorsqu'ils se sont produits.

Dans la plupart des pays qui nous entourent, ce courant d'idées a donné naissance, soit à des lois déjà appliquées, soit à des études sérieuses et souvent savantes destinées à préparer la législation de l'avenir.

Il n'entre pas dans notre cadre d'examiner à fond ce qui a été fait en Allemagne, en Autriche ou ailleurs. Nous voulons nous préoccuper de ce qui doit se faire en France, et nous ne parlerons des législations étrangères que le plus brièvement possible et seulement lorsque nous aurons à en tirer un enseignement utile.

Sous l'influence des tendances dont nous parlons, les Chambres françaises ont déjà discuté plusieurs mesures qu'elles croyaient propres à conjurer les accidents du travail, par exemple la loi sur l'hygiène dans les manufactures, celles sur les délégués mineurs. Ces remèdes ont-ils vraiment toute l'efficacité sur laquelle on a cru pouvoir compter ? C'est là une question technique qui a été discutée à fond par des hommes compétents et sur laquelle nous ne croyons pas opportun de revenir.

Mais un débat prochain va s'engager sur une question bien plus générale, mettant en cause les intérêts, non plus de telle ou telle industrie spéciale, mais de toutes les industries, et soulevant à la fois les plus graves problèmes juridiques et financiers. Nous voulons parler des lois sur la responsabilité des accidents qui sont à l'ordre du jour de la Chambre.

L'objet spécial de cette étude est de signaler l'étendue et les conséquences des modifications qu'on veut introduire dans notre législation et d'examiner si les partisans de la loi nouvelle ne se préparent pas quelque désillusion sur son utilité pratique et sur les résultats qu'elle entraînera pour l'industrie et pour l'État.

LÉGISLATION ACTUELLE

Principes généraux.

La législation actuelle ne fait aucune différence entre l'origine des accidents, elle les envisage uniquement au point de vue de leurs résultats, c'est-à-dire du dommage qu'ils apportent.

Tout fait dommageable peut donner naissance à une double responsabilité : d'une part, responsabilité pénale, c'est-à-dire obligation de réparer le préjudice causé à la société par un fait délictueux ; d'autre part, responsabilité civile, c'est-à-dire obligation de réparer le préjudice causé à un ou plusieurs individus, par un délit, ou simplement par une imprudence ou négligence, en d'autres termes par un quasi-délit.

En thèse générale, la responsabilité civile est infiniment plus étendue que la responsabilité pénale. Cette dernière est de droit strict : elle n'intervient que dans des cas rigoureusement prévus et définis par les lois et les règlements de police. La première, au contraire, naît, en principe, toutes les fois qu'un dommage est causé, et même, dans certains cas, quoique ce dommage résulte de l'exercice d'un droit.

Dans la catégorie spéciale qui nous occupe, en matière d'accidents du travail, le lien entre la responsabilité pénale et la responsabilité civile est plus étroit. On entend par accident du travail, tout accident survenu au cours du travail et qui occasionne pour un ou plusieurs ouvriers la mort ou des blessures plus ou moins graves. Or, aux termes des articles 319 et 320 du Code pénal, l'homicide ou les blessures involontaires sont punissables lorsqu'ils ont été causés par maladresse, imprudence, inattention ou inobservation des règlements.

Les mêmes causes donnent naissance à la responsabilité civile et sauf dans des cas très exceptionnels, la responsabilité civile sera accompagnée de la responsabilité pénale.

Personne, du reste, n'a proposé d'étendre ou de modifier les règles actuelles de la responsabilité pénale. Les propositions soumises aux Chambres ne visent que la responsabilité civile et c'est seulement de cette dernière que nous allons nous occuper.

Les principes en sont posés dans les articles 1382 à 1386 du Code civil :

ART. 1382. — Tout fait quelconque de l'homme qui cause à autrui un dommage, oblige celui par la faute duquel il est arrivé à le réparer.

ART. 1383. — Chacun est responsable du dommage qu'il a causé, non seulement par son fait, mais encore par sa négligence ou son imprudence.

ART. 1384. — On est responsable non seulement du dommage que l'on cause par son propre fait, mais encore de celui qui est causé par le fait des personnes dont on doit répondre ou des choses que l'on a sous sa garde. — Le père et la mère après le décès du mari, sont responsables du dommage causé par leurs enfants mineurs habitant avec eux ; — les maîtres et les commettants du dommage causé par leurs domestiques et préposés dans les fonctions auxquelles ils les sont employés ; — les instituteurs et les artisans, du dommage causé par leurs élèves et apprentis pendant le temps qu'ils sont sous leur surveillance ; — la responsabilité ci-dessus a lieu à moins que les père et mère, instituteurs et artisans ne prouvent qu'ils n'ont pu empêcher le fait qui donne lieu à cette responsabilité.

ART. 1385. — Le propriétaire d'un animal ou celui qui s'en sert, pendant qu'il est à son usage, est responsable du dommage que l'animal a causé, soit que cet animal fût sous sa garde, soit qu'il fût égaré ou échappé.

ART. 1386. — Le propriétaire d'un bâtiment est responsable du dommage causé par sa ruine lorsqu'elle est arrivée par une suite du défaut d'entretien ou par le vice de la construction.

En somme la cause de l'obligation de réparer le dommage réside dans le délit ou le quasi-délit de l'auteur du dommage.

Le délit ou le quasi-délit existe toutes les fois que l'auteur a commis une faute, même légère. Si l'auteur du dommage est une personne *dont on doit répondre*, c'est-à-dire, pour le patron, un contre-maître ou un chef ouvrier, le délit ou le quasi-délit du commis engage *civilement* le commettant ; celui-ci, en effet, commet une faute en ne choisissant pas un préposé parfaitement apte aux fonctions qu'il lui destinait.

S'il n'existe ni délit, ni quasi-délit, la cause de l'obligation manque et celle-ci ne peut prendre naissance.

De là suit cette règle :

Pour que la victime d'un accident puisse demander la réparation du dommage à elle causé, il faut que l'accident soit imputable à une faute.

Le cas fortuit, la force majeure n'ouvrent point d'action en dommages-intérêts parce que de tels accidents ne sont imputables à personne : le cas fortuit est, en effet, par essence un événement qu'il était impossible de prévoir, et personne n'est en faute de ne pas l'avoir prévu ; le cas de force majeure est par essence un événement où les forces de là nature dominent et annihilent la volonté et les forces humaines ; personne n'est en faute de ne l'avoir pas empêché.

Preuve.

Aussi lorsqu'un ouvrier victime d'un accident réclamera des dommages-intérêts, il ne pourra réussir qu'en invoquant la faute du patron ou d'un contremaître, ou du camarade que le patron ou le contremaître lui avaient adjoint dans son travail, ou encore le vice de l'outillage, l'insuffisance ou la mauvaise qualité des instruments qui lui avaient été confiés.

Or, c'est une règle de droit que la faute ne se présume jamais, hors les cas spéciaux, restreints et de droit strict, où la loi croit nécessaire de déroger à ce principe en créant, par une disposition formelle, des présomptions légales de faute contre certaines personnes. Donc la victime, qui invoque la faute, doit la prouver.

Il n'y a là rien que de logique, et cette solution est rigoureusement conforme aux principes de notre droit. L'article 1315 dit, en effet : « Celui qui réclame l'exécution d'une obligation doit la prouver. » Or, en matière d'accidents, c'est le délit ou le quasi-délit qui donne naissance à l'obligation. C'est donc celui qui réclame des dommages-intérêts, c'est-à-dire l'exécution de l'obligation, qui doit prouver le fait d'où est née celle-ci, c'est-à-dire le délit ou le quasi-délit.

Des juriconsultes éminents, en France et en Belgique, trouvant quelque chose d'inique à imposer à l'ouvrier, c'est-à-dire au plus faible, la charge toujours pesante, souvent écrasante de la preuve, ont bien prétendu qu'on faisait fausse route en appliquant aux relations entre patrons et ouvriers l'article 1382 du Code civil. D'après eux, la responsabilité des accidents du travail devrait être régie par les règles du contrat de louage de services. Le patron aurait contracté envers l'ouvrier l'obligation de veiller à sa sécurité. Un accident vient-il à se produire ? L'ouvrier réclame au patron des dommages-intérêts en vertu de l'obligation de garantie que celui-ci a contractée et qui n'a pas reçu son exécution. Évidemment, si l'accident est dû à un cas fortuit ou à la force majeure, s'il a pour cause exclusive l'imprudence de la victime, le patron pourra invoquer l'extinction de son obligation de garantie, mais d'après l'article 1315 *in fine*, c'est à lui de prouver le fait qui produit sa libération, c'est-à-dire le cas fortuit, la force majeure ou la faute de la victime.

Il n'y aurait donc qu'à développer les principes contenus dans le Code civil pour mettre la preuve à la charge du patron et réaliser une modification de la plus haute importance.

Nous verrons plus loin quels ont été les résultats pratiques de cette doctrine nouvelle, dans les pays où elle a été acceptée, mais il est certain qu'elle ne saurait être introduite par la jurisprudence seule. Elle bouleverse en effet, de fond en comble, les principes essentiels du Code civil, quoiqu'on ait la prétention de ne faire que les appliquer.

Toute cette théorie repose sur une prétendue obligation de garantie tacitement contractée par le patron envers l'ouvrier. Cette obligation d'après M. Sainctelette, éminent jurisconsulte belge et champion convaincu de la doctrine du renversement de la preuve, cette obligation a sa source dans le droit d'autorité du patron. « L'ouvrier, dit-il, est devenu un soldat, presque un automate : sa fonction est surtout l'obéissance. L'autorité d'une part, la discipline de l'autre, sont poussées aussi loin que possible » ; et il ajoute : « Vous devenez mon maître, c'est, dans la fonction que vous me confiez, votre volonté qui mène mon corps. En substituant votre volonté à la mienne, vous me déchargez des suites de tout ce que ma personne fera sous l'impulsion de votre volonté, et vous vous en chargez. Vous faites vôtres tous les résultats, bons ou mauvais, de la gérance entreprise. »

Il nous semble impossible d'admettre que le contrat de louage ait pour effet, comme le prétend M. Sainctelette, de substituer la volonté du patron à celle de l'ouvrier, au point de réduire celui-ci au rôle de machine inconsciente. En droit, un tel contrat serait contraire à l'ordre public, et comme tel radicalement nul : ce serait, sous une autre forme, le rétablissement de l'esclavage. En fait il serait toujours inexécuté, car il est impossible à l'homme de faire abstraction complète de son initiative et de sa personnalité, et le patron, en cas d'accidents, pourrait, profitant de la théorie de M. Sainctelette lui-même, invoquer à son tour l'inexécution de l'obligation contractée par l'ouvrier, et rejeter ainsi le poids de la preuve sur celui-ci.

En réalité, comme dans le contrat, le plus souvent verbal, qui lie le patron et l'ouvrier, rien n'a été stipulé en matière de risques, il faut appliquer les règles de l'interprétation des conventions. Or l'article 1156 dit : « On doit, dans les conventions, rechercher quelle a été la commune intention des parties plutôt que de s'arrêter au sens littéral des termes. »

La commune intention des parties a-t-elle été que les risques de toute nature fussent à la charge du patron ? Certainement non. S'il en était ainsi le salaire serait une quantité sinon invariable, du moins égale à un même moment dans toutes les professions. S'il y avait quelque différence, elle serait au détriment des professions dangereuses où le patron, en prévision des risques qu'il a à supporter, paierait moins cher ses ouvriers. Nous voyons au contraire que plus la profession est dangereuse, plus le salaire est élevé. C'est que, prenant tous deux en considération la gravité des risques professionnels, l'ouvrier stipule et le patron s'oblige à payer un salaire dont le taux soit en rapport direct avec les dangers courus. Iufliger en outre au patron l'obligation de garantie, c'est dépasser et méconnaître la commune intention des parties.

D'autre part, il est certain que le taux des salaires, quelque élevé qu'il soit, ne compense pas les risques de toute nature. Comme le dit très justement M. Nourrison (1), si le patron n'a pas entendu garantir l'ouvrier contre les risques découlant naturellement de l'exercice de sa profession, l'ouvrier, de son côté, n'a pas entendu accepter les autres risques, ceux par exemple résultant de l'incurie de son patron ou de l'imperfection des instruments mis à sa disposition. Cette distinction est tellement vraie qu'une jurisprudence constante déclare nulle, comme contraire à l'ordre public, toute convention par laquelle l'ouvrier se soumettrait d'avance moyennant une élévation de salaire aux risques provenant du fait de son patron.

Or, précisément, ces risques qui ne peuvent pas être couverts par le taux du salaire sont ceux contre lesquels l'ouvrier est garanti par l'article 1382.

L'ouvrier exerçant une profession dangereuse connaît les risques ordinaires auxquels cette profession l'expose : il accepte tacitement de les courir moyennant un salaire plus élevé, mais il n'accepte pas et ne peut pas accepter de courir les risques provenant du délit ou du quasi-délit de son patron.

Cette solution est conforme à la lettre de la loi comme à l'esprit du droit. Les partisans du renversement de la preuve ont beau prétendre « que depuis 1803 on aurait fait fausse route dans l'application d'une loi votée à cette époque, et qu'en 1880 seulement on aurait compris comment le législateur de 1803 avait entendu qu'elle fût appliquée, (2) » en réalité ils n'interprètent pas la loi, ils la font.

D'ailleurs si, en Belgique, quelques tribunaux ont suivi la doctrine de M. Sainctelette, en France la jurisprudence a constamment maintenu que l'ouvrier devait faire la preuve de la faute du patron.

---

(1) *Les ouvriers et les accidents.*

(2) Féraud Giraud, code des mines et mineurs.

Jurisprudence.

. Mais si la jurisprudence conserve ce principe fondamental de notre droit, elle donne en pratique à l'ouvrier victime d'un accident les plus grandes facilités pour fournir la preuve qu'elle lui impose.

Elle lui accorde d'une façon constante l'assistance judiciaire, qui le met à l'abri de tous les inconvénients pécuniaires du procès, et intéresse à son sort tout le personnel des officiers ministériels, puisque les frais ne seront payés que si l'ouvrier triomphe. En outre, au lieu de preuves patentes, elle se contente le plus souvent de simples présomptions, dépassant peut-être ainsi, à notre sens, les limites de son droit.

Enfin, elle a singulièrement étendu le sens de l'article 1382.

Le patron commet une faute engageant sa responsabilité, toutes les fois qu'il ne prend pas, quelque coûteuses qu'elles soient, toutes les mesures utiles pour prévenir un accident même infiniment improbable, mais qu'il n'était pas absolument impossible de prévoir.

Ainsi un ouvrier travaillant dans un haut fourneau a l'œil crevé par un éclat de fonte. La Cour de Dijon et après elle la Cour de cassation jugent que la responsabilité de la Compagnie est engagée par ce motif que les projections de fonte étant assez fréquentes dans les hauts fourneaux, il est inadmissible que les ouvriers ne soient pas protégés contre elles.

. Il y a faute également lorsque l'accident provient du détraquement d'un outil de travail, quand ce détraquement n'était pas impossible à prévoir et que d'ailleurs on aurait pn remédier à ses conséquences. Ainsi dans une usine employant des métiers mécaniques, un ouvrier est blessé par l'échappement de la navette d'un métier voisin. Les patrons établissent que leurs métiers marchaient avec une vitesse normale, la même que partout ailleurs, et que d'ailleurs on n'avait jamais vu d'exemple d'échappement de navette ; ils concluent en conséquence au cas fortuit. Le tribunal de Mulhouse (18 juin 1867) accorde au contraire une indemnité à l'ouvrier par ce motif qu'on aurait dû prévoir l'échappement possible d'une navette et qu'on aurait pu rendre cet accident inoffensif soit en espaçant davantage les métiers, soit en les entourant de grillages de protection.

Il y a faute encore, toutes les fois que le patron n'a pas pris toutes les mesures de précaution nécessaires pour soustraire les ouvriers aux effets de leur propre imprudence (Lyon, 26 avril 1871 ; Bordeaux, 19 janvier 1877 ; Cassation, 22 février 1885 ; Paris, 3 janvier 1886, etc.).

Il ne suffira donc pas au patron pour dégager sa responsabilité de faire connaître aux ouvriers d'une manière générale, par exemple par voie d'affichage dans ses ateliers, les mesures réglementaires qu'il prescrit pour éviter tout accident : il devra encore avoir des préposés spécialement chargés de faire observer ces prescriptions, et il restera en tout cas responsable de toute négligence de ses préposés.

On le voit, la jurisprudence tient compte, dans une large mesure, du lien spécial qui unit le patron à l'ouvrier.

Un des principaux arguments de M. Sainctelette et de ses partisans est de dire : l'article 1382 vise le dommage causé à autrui, or l'ouvrier n'est pas autrui pour le patron, donc l'article 1382 n'est pas applicable.

Si, pouvons-nous répondre avec la jurisprudence, l'ouvrier est bien autrui pour le patron, mais un autrui spécial, envers lequel la responsabilité du patron est à la fois plus étendue et plus rigoureuse. Tenu envers son ouvrier en vertu du même principe qu'envers les tiers, le patron n'est pas tenu de la même façon, en ce sens que tel acte du patron qui constituera une faute à l'égard de l'ouvrier n'en constituera pas une à l'égard des tiers.

S'il est faux et injuste de prétendre que le patron ait contracté, en vertu du contrat de louage, l'obligation de rendre à tout moment l'ouvrier indemne de tout dommage, il est vrai et la jurisprudence proclame que le patron, en raison de l'autorité qu'il a sur l'ouvrier, a le devoir de le surveiller pour le défendre autant que possible, même contre sa propre insouciance, et il y a faute de la part du patron, toutes les fois qu'un manquement même léger à ce devoir peut être établi contre lui.

LÉGISLATIONS ÉTRANGÈRES

Jusqu'a une époque récente, la plupart dés législations du continent européen adoptaient des principes analogues à ceux du Code civil.

La législation anglaise allait même plus loin, Elle partait d'une double considération : d'une part, les dangers d'une profession sont connus par l'ouvrier qui l'embrasse, et ce dernier, étant libre d'en choisir une autre, doit subir toutes les conséquences de sa détermination ; d'autre part, on ne peut exiger du patron qu'il prenne plus de soin de l'ouvrier que celui-ci n'en prend de lui-même. En vertu de ces deux adages, la jurisprudence en était arrivée à faire, dans tous les cas, supporter à l'ouvrier les conséquences des accidents. Cette situation a été du reste modifiée en 1880 par *l'employer's liability act*, qui détermine d'une façon précise et absolue les cas dans lesquels l'ouvrier anglais a droit à une indemnité. Cette loi, qui se rapproche très sensiblement de notre article 1382 du Code civil, impose au patron la responsabilité de tout accident qui provient de sa faute ou de la faute de ceux qu'il emploie, ou du vice de l'outillage sauf quand le vice ne pouvait être prévu, ou que l'ouvrier l'a connu et a omis d'en aviser le patron.

A part l'Angleterre avant 1880, tous les autres pays admettaient communément que la réparation du dommage est due par celui qui l'a causé, mais que, jusqu'à preuve contraire, personne n'est réputé en faute.

Cette doctrine est rigoureusement logique au point de vue du droit ct de l'équité. Mais, en pratique, elle entraîne souvent des conséquences attristantes. L'ouvrier victime d'un cas fortuit n'a rien à réclamer ; il doit supporter seul le poids d'un accident qu'il n'a pas causé. Il a une famille que son travail faisait vivre ; cette famille est réduite à la misère sans aucune faute de sa part, et quand même il serait coupable de négligence, sa faute n'empêche pas l'existence de ce fait brutal : la misère de toute une famille. N'y aurait-il pas moyen de venir en aide à ce malheureux, de tenir compte de l'intérêt qu'a la Société, d'une part, à ne pas l'abandonner à la souffrance et au désespoir, de l'autre, à ne pas faire peser trop lourdement les charges de son infortune sur ceux qui ne l'ont pas causée?

En dehors des considérations politiques que tout le monde connaît, cette considération d'humanité n'a pas peu contribué, selon nous, à inspirer le législateur Allemand et Autrichien dans les lois récentes qui ont profondément modifié la responsabilité en matière d'accidents dans ces deux pays, et posé le double principe de l'assurance obligatoire et de la responsabilité corporative.

Le contrat d'assurance est un contrat bilatéral et à titre onéreux par lequel une personne réelle ou morale, appelée assureur, s'oblige, à indemniser, moyennant certaines conditions, une autre personne appelée assuré ou bénéficiaire, de certains dommages provenant de risques éventuels, mais déterminés. Le caractère le plus ordinaire de ce contrat est que l'indemnité est due par l'assureur toutes les fois que le dommage provient d'un cas fortuit, du fait d'un tiers ou de la faute involontaire et excusable de l'assuré. Seule, la faute lourde de l'assuré dégage l'assureur de son obligation.

A la preuve souvent difficile d'une faute qui peut du reste ne pas exister, l'assurance substitue la constatation matérielle d'un fait.

Il y a deux formes d'assurances, suivant qu'une compagnie assure les risques courus par des tiers moyennant le paiement d'une somme convenue appelée prime, ou qu'un certain nombre de personnes s'associent pour assurer mutuellement les risques courus par les seuls membres de l'association.

L'assurance établie en Allemagne et en Autriche par les lois dont nous parlons est une assurance mutuelle. Le principe est le même bien que l'application soit différente dans les deux pays. Il existe des associations, des corporations, dans lesquelles sont inscrites obligatoirement certaines catégories de citoyens. Qu'un accident se produise dans un établissement soumis à ce régime, c'est la corporation qui devient responsable, elle qui paie, elle qui répartit entre ses membres les quote-parts des charges qu'elle a supportées. La corporation est la clef de tout le système qui permet de répartir sur un ensemble d'industriels des charges qui seraient ruineuses pour un seul.

Cette organisation, avons-nous dit, présente de notables différences suivant qu'on l'étudie en Allemagne ou en Autriche.

En Allemagne, la base adoptée pour la création des corporations est la similitude d'industries. Une corporation peut englober le territoire entier de l'empire, et en fait, près de la moitié des corporations existantes, 26 sur 62, étendent leur autorité sur tous les états allemands. En Autriche, au contraire, la corporation est territoriale : elle est limitée à la province. En revanche elle peut comprendre, et la plupart des corporations autrichiennes comprennent en effet, des industries absolument dissemblables et dont le seul lien est de s'exercer sur le territoire d'une même province.

En Allemagne, les ouvriers ne font pas partie de la corporation. Celle-ci ne comprend que les patrons grands ou petits, et laisse les ouvriers en dehors de l'association d'assurances mutuelles. La loi pose implicitement le principe de la responsabilité absolue du patron toutes les fois qu'un accident se produit. Puis, pour corriger les conséquences graves que ce principe entraînerait, elle forme entre les patrons une société obligatoire d'assurances mutuelles contre le risque spécial provenant de leur qualité de patrons. Elle leur applique du reste les principes que nous posons plus haut. Par le seul fait qu'un accident se produit dans un établissement soumis au régime de l'assurance obligatoire, la corporation est responsable, à moins que le patron n'ait commis une faute lourde condamné pour cette faute par les tribunaux de répression. En Autriche, la mutualité s'étend. La corporation ne comprend pas seulement les patrons, mais une catégorie considérable d'ouvriers, ceux dont le salaire quotidien est supérieur à un florin. Ceux-là font partie de l'association corporative, et participent, quoique dans une faible mesure, aux charges de la corporation.

Le débiteur d'une indemnité peut être astreint, soit à verser immédiatement un capital, soit à constituer une rente annuelle. Le créancier d'une indemnité peut être payé, de son côté, soit par un capital immédiatement exigible, soit par une rente annuellement servie pendant un certain nombre d'années. En Allemagne, le créancier n'est jamais payé que sous forme de rente annuelle, et même le débiteur, c'est-à-dire la corporation, n'est jamais tenu que d'une rente, excepté en cas de décès de l'ouvrier, où la corporation paie quelquefois une indemnité en capital à ses ayants droit. Le résultat est que, chaque année, aux pensions servies l'année précédente viennent s'ajouter les pensions créées pendant l'année, et les premiers résultats de la statistique allemande prouvent que les extinctions sont loin de compenser les nouvelles créations. Aussi l'avenir se trouve-t-il engagé sans qu'il soit possible de prévoir d'une façon précise quelle étendue et quelle durée de charges le présent lui lègue. Pour une branche d'industrie qui prospère, l'augmentation des charges est compensée par une augmentation dans le nombre de ceux qui y participent, par conséquent par une diminution possible dans la quote-part de chacun. Mais il peut arriver qu'à un moment donné une crise diminue notablement le nombre des établissements travaillant dans une branche d'industrie. En ce cas, à mesure que disparaîtront des établissements, à mesure par conséquent que la crise deviendra plus aiguë, les établissements disparus légueront à ceux qui résistent encore toutes les charges qu'ils ont créées, tout en cessant de participer à leur réparation. Les charges, par suite les difficultés de résistance s'accroîtront donc en raison directe de l'acuité de la crise, et risqueront d'amener en un délai relativement court la ruine financière de la corporation.

En Autriche, le créancier de l'indemnité reçoit le plus souvent une rente annuelle comme en Allemagne ; mais la corporation débitrice doit, dans tous les cas, verser le capital représentant la rente à une caisse spéciale chargée d'en servir l'intérêt, et dans certains cas, moyennant certaines garanties, l'ouvrier créancier peut être autorisé à toucher immédiatement le capital représentant la rente.

La différence entre les deux législations est capitale. L'ouvrier autrichien peut, avec le capital immédiatement versé, acheter par exemple un fonds de commerce et redevenir un agent de production utile à la société, au lieu d'être un agent de consommation qui la grève. En outre, au point de vue de la situation financière de la corporation, le versement immédiat du capital présente des avantages sérieux. Chaque année liquide immédiatement les charges qu'elle crée, et les années prospères ne viennent pas obérer les années moins heureuses. Le poids présent est plus lourd, mais l'avenir est immédiatement dégagé. En somme, la loi allemande s'est surtout préoccupée de diminuer autant que possible les charges des premières années, tandis que la loi autrichienne a voulu que le présent n'engageât jamais l'avenir.

La loi allemande présente pour nous un intérêt tout particulier. Les projets soumis aux Chambres françaises lui ont en effet emprunté plusieurs de ses dispositions, sans avoir, suivant nous, choisi les plus heureuses.

Le fonctionnement de cette loi comporte, pour administrer la corporation, toute une série de rouages qu'il serait trop long d'étudier en détail. Le premier échelon de cette hiérarchie est formé par les « hommes de confiance », sorte d'inquisiteurs chargés d'une surveillance continuelle et assez vexatoire sur les industriels soumis au régime corporatif; leurs fonctions sont gratuites quoique très onéreuses, puisqu'elles engagent leur responsabilité financière. La hiérarchie se termine par le conseil de corporation, dont le rôle est double. Il n'est pas seulement chargé de l'administration intérieure de la corporation; il forme encore une sorte de tribunal chargé de fixer en premier ressort le chiffre de l'indemnité à allouer aux ouvriers, d'après les catégories établies par la loi. Qu'un accident vienne à se produire dans un établissement soumis au régime corporatif, l'ouvrier voit le taux de l'indemnité ou de la rente qui lui est due fixé par le conseil de la corporation. S'il se croit lésé par sa décision, il peut faire appel d'abord à un tribunal arbitral où siègent des patrons et des ouvriers, puis à l'Office Impérial d'assurances, qui statue en dernier ressort. C'est en défini-

tive l'Office Impérial qui est souverain en la matière, et par lui l'action du pouvoir central domine et dirige toujours l'ensemble du système.

Cette loi est à la fois une loi sociale et politique par laquelle le prince de Bismarck a cherché, tout en donnant une satisfaction qu'il croyait suffisante aux revendications socialistes des ouvriers, à saisir l'occasion pour enrégimenter en quelque sorte l'industrie allemande et étendre du même coup son autorité sur le patron, soumis à la rigoureuse minutie du régime corporatif et sur l'ouvrier, dépendant, pour la fixation des indemnités, de l'Office Impérial, c'est-à-dire du pouvoir central.

En fait, cette loi n'a satisfait complètement personne. Les ouvriers se divisent en deux camps. Les uns, surtout dans les pays annexés et dans les provinces Rhénanes, ont perdu à la loi nouvelle. Avant celle-ci, leurs patrons avaient avec eux une certaine solidarité et souvent ils considéraient la question d'indemnité, à la suite d'un accident, moins au point de vue du droit strict qu'avec un sentiment d'humanité. La loi nouvelle, en absorbant l'individualité du patron dans l'association corporative, en supprimant sa responsabilité matérielle directe, a supprimé du même coup sa responsabilité morale vis-à-vis de l'ouvrier. Celui-ci n'a plus en face de lui la conscience d'un homme auquel il a pu rendre des services, qui peut-être s'est attaché à lui par cette raison même et qui, au jour du malheur, sera influencé par ces considérations de sentiment. La corporation, comme toute association, n'a pas, ne peut pas avoir de sentiments : toute responsabilité personnelle disparaît dans la réparation du dommage, toute considération personnelle s'efface dans son évaluation. Cette situation amène des regrets très vifs chez toute une classe d'ouvriers. Les autres, au contraire, trouvent la loi insuffisante. Ils la considèrent peut-être comme un progrès, mais, en temps qu'elle aura un caractère provisoire ; elle ne doit être, d'après eux, qu'une étape dans la voie du socialisme, et ils ne veulent pas qu'on s'arrête en route.

Les patrons aussi se plaignent. La statistique qui a servi de base à la loi avait porté sur une durée de quatre mois seulement.

On avait multiplié les résultats obtenus par 3, pensant arriver à des données sinon exactes, du moins suffisamment approchées pour l'année entière. La loi ne fonctionne pas encore depuis deux ans, et déjà l'expérience prouve l'insuffisance de cette statistique et l'inexactitude des prévisions qu'on en avait tirées. La loi prévoyait, pendant les premières années de son fonctionnement, le versement de 300 0/0 des indemnités pour former un fonds de réserve. Plusieurs corporations ont dû déjà porter ce versement au fonds de réserve à 900 0/0, et cette énorme proportion est encore insuffisante. En outre, cette sorte d'organisation a des côtés policiers qui tracassent les industriels. Comme nous l'indiquions plus haut, les « hommes de confiance » sont de véritables inquisiteurs, que leurs fonctions obligent à s'immiscer constamment dans les affaires de ceux qui sont placés sous leur surveillance, et cette immixtion, pour être effective, est nécessairement vexatoire. Enfin, les frais d'administration des corporations, de celles surtout qui s'étendent à tout le territoire allemand, absorbent des sommes énormes relativement aux indemnités à verser, et ces charges que la loi n'avait pas prévues ne sont pas un des moindres embarras des corporations.

En somme, la loi de 1884 ne parait pas pouvoir durer longtemps sans subir d'importantes modifications, et nous nous demandons où le gouvernement allemand pourra s'arrêter dans la voie où il s'est engagé. En pareille matière, la logique est une force irrésistible qui s'impose tôt ou tard, et rien n'est moins logique que la loi actuelle. Le principe de l'assurance obligatoire une fois posé, fixer une limite, quelle qu'elle soit, à son effet, c'est faire acte de pur arbitraire. Pourquoi arrêter l'assurance aux ouvriers industriels et en exclure les ouvriers agricoles? Pourquoi même s'arrêter aux ouvriers et ne pas décréter, comme le demandait récemment le grand-conseil du canton de Neuchâtel, l'assurance obligatoire pour tous les habitants. Il n'y a aucune raison sérieuse à alléguer et la logique entraîne irrésistiblement vers cette solution tous ceux qui ont commencé à s'engager dans la voie de l'assurance obligatoire. Il semble qu'elles aient été vraiment prophétiques les paroles prononcées par le député socialiste Liebknecht au sein du Reichstag allemand : « Les socialistes voteront la loi : ce n'est pas eux qui sont allés au Chancelier, c'est le Chancelier qui est venu à eux, et quand il aura de sa main puissante fait entrer la nouvelle loi comme la pointe d'un coin dans l'organisation sociale moderne, il faut espérer que le gros bout fera éclater le reste. »

L'Allemagne et l'Autriche sont, jusqu'à présent, les seuls pays qui aient admis le principe de l'assurance obligatoire en cas d'accidents. Mais on peut croire que leur exemple ne tardera pas à être suivi par certains de leurs voisins, notamment par la Suisse. Cette dernière puissance était entrée d'abord dans une voie différente. Par un certain nombre de lois, faites de 1875 à 1881, elle avait modifié les principes du Code civil en matière de responsabilité des patrons et adopté la théorie du renversement de la preuve dont nous avons parlé au point de vue juridique dans le chapitre précédent.

Les résultats pratiques produits en Suisse par l'application de cette doctrine ne sont pas faits pour diminuer la méfiance qu'elle nous inspire.

La législation suisse a fait coup double, si l'on nous permet cette expression ; elle a atteint à la fois les patrons et les ouvriers : les patrons, en faisant peser sur eux des charges tellement lourdes qu'on a dû, en 1881, devant des plaintes universelles, modifier à la hâte la législation de 1877, en fixant un chiffre maximum aux indemnités; les ouvriers, en tuant toutes les institutions de prévoyance antérieurement créées et en amenant une baisse considérable des salaires.

Avant 1875, les patrons avaient fondé et soutenaient par des subventions un grand nombre de caisses de secours et de retraites, qui venaient en aide aux ouvriers blessés, malades ou âgés. Avec la loi nouvelle, les patrons ont naturellement arrêté leurs subventions; dans la plupart des cas, en effet, ils auraient payé deux fois, une première fois directement entre les mains de l'ouvrier, d'après les prescriptions légales, une seconde fois indirectement par les subventions données aux caisses de prévoyance.

La baisse des salaires était une autre conséquence forcée de la loi, et il était facile de la prévoir, bien qu'elle ne semble pas avoir été aperçue par les législateurs suisses. Sous le régime des lois anciennes, les risques ordinaires d'une profession devant être, en principe, supportés par l'ouvrier, entraient en ligne de compte en sa faveur pour la fixation de son salaire. Aujourd'hui, ces risques devant être supportés par le patron, le même élément entrera en ligne de compte pour la fixation du salaire, mais en agissant en sens inverse, et l'on peut prévoir que si la loi actuelle continue à être appliquée, les professions les plus dangereuses finiront par être les moins rétribuées, parce que ce sont celles où le patron est le plus exposé à payer d'énormes indemnités. En fait, cette conséquence ne s'est pas encore manifestée en Suisse, mais le renversement de la preuve a amené dans ce pays une forte baisse de salaires.

Un autre effet de la loi, non moins funeste au point de vue économique et social, mais non moins logique que le précédent, est qu'elle introduit un élément nouveau dans le choix des ouvriers. Désormais, dans nombre de professions, l'ouvrier âgé ne trouvera plus à s'employer, car on peut craindre qu'il n'ait perdu quelque chose de sa vigueur et de son agilité, et ne soit par suite plus exposé aux accidents. Dans toutes les industries, l'ouvrier célibataire et sans famille sera préféré à l'ouvrier marié et père de famille ; surtout, l'ouvrier étranger sera employé au détriment de l'ouvrier national. Avec le célibataire et l'étranger, le patron n'aura à redouter que les blessures : les accidents mortels ne lui coûteront rien ou à peu près, parce que personne ne réclamera d'indemnité.

La meilleure preuve, du reste, des mauvais résultats donnés par cette loi est qu'en songe à la changer de nouveau. En ce moment, le gouvernement suisse est chargé de préparer un travail statistique, en vue d'établir l'assurance obligatoire dans la Confédération.

Il ne reste plus guère que l'Italie, et peut-être la Belgique, qui paraissent à leur tour vouloir mettre à l'essai la théorie du renversement de la preuve. Nous serions bien surpris si les résultats de cette tentative ne décourageaient pas avant peu les plus ardents défenseurs de cette doctrine.

ÉTAT DE LA QUESTION EN FRANCE

Les questions sociales se compliquent en France d'une question politique. Aussi n'est-il guère surprenant que, depuis 1881, le Parlement français ait été saisi de vingt projets ou propositions de loi apportant toutes leur contingent de modifications à la législation actuelle. Un projet avait même été voté en première délibération par la Chambre le 23 octobre 1884, mais d'autres préoccupations vinrent distraire le Parlement et la fin de la législature arriva avant le vote d'une rédaction définitive. La Chambre nouvelle ne tarda pas à aborder ces questions, qui touchent de si près aux plus graves problèmes économiques et en même temps aux plus sérieux intérêts électoraux.

Les divers textes émanés soit de l'initiative gouvernementale, soit de l'initiative parlementaire, ont été renvoyés à une Commission. Ils peuvent être rattachés à trois types distincts.

Le premier s'inspire évidemment de ce qui a été fait en Allemagne et propose d'introduire en France le principe de la responsabilité corporative, substituée à la responsabilité individuelle. Il y aurait lieu à indemnité toutes les fois que l'accident n'aurait pas été causé par la faute grave, le délit ou le crime de l'ouvrier victime. Mais si l'accident provenait de la faute du patron, du vice ou défaut d'entretien de l'outillage, de la faute ou de l'inhabileté des agents directs de l'entreprise, la corporation serait bien tenue envers l'ouvrier, mais elle aurait le droit de répéter l'indemnité payée contre le patron dans l'établissement duquel l'accident est arrivé. Enfin, la corporation ne serait pas obligatoire comme en Allemagne : tout industriel serait en droit de ne pas en faire partie. Seulement il supporte, dans ce cas, le poids de tout accident, avec obligation de constituer le *capital* des rentes accordées à titre d'indemnités, tandis que les corporations ne sont tenues qu'au service des annuités. La caisse de celles-ci est alimentée par les dons et legs qu'elle peut recevoir et par les cotisations, fixées suivant la nature du risque professionnel et supportées pour un quart au maximum par les ouvriers et pour le surplus par les patrons. L'indemnité, servie sous forme de rentes ou pensions, varie suivant un double élément : 1° le salaire de la victime ; 2° la nature des suites de l'accident. Elle serait fixée par une Commission d'enquête, composée d'un ingénieur ou garde-mine et d'un médecin. Le procès-verbal de cette Commission déterminerait la catégorie dans laquelle doit être classé l'accident. Une action judiciaire pourrait être ouverte par voie d'appel contre le procès-verbal d'enquête, et le jugement devrait être précédé d'une enquête nouvelle faite suivant les cas par deux médecins ou par une Commission composée de deux patrons et de deux ouvriers, et présidée par l'ingénieur en chef.

La Commission parlementaire a rejeté ce projet pour plusieurs raisons. D'abord, elle l'a considéré comme compromettant les conquêtes de la Révolution en matière de liberté du travail, paralysant l'initiative personnelle, la libre disposition du salaire ou du gain. Elle aurait eu d'ailleurs, d'après son rapporteur, de nombreuses réserves de détail à faire si elle avait cru pouvoir admettre le principe même du projet proposé par M. de Mun, notamment sur l'organisation financière des corporations.

Deux autres projets, celui de M. Félix Faure et celui de M. Lagrange, ce dernier n'étant que la reproduction du texte voté en 1884 par la dernière Chambre, partent d'un principe tout différent: A côté, et en dehors de la responsabilité de droit commun, ils admettent l'existence d'un risque professionnel spécial, en vertu duquel tous les accidents inhérents à l'exercice d'une profession seraient à la charge exclusive du chef d'entreprise. Tel est le principe commun aux deux projets. Ils diffèrent sur trois points principaux :

1° M. Lagrange limite le chiffre des indemnités aux chiffres alloués par la Caisse nationale d'assurance contre les accidents, lorsque la prime est de 8 francs; M. Faure, au contraire, prend pour base le salaire de la victime et aboutit, dans certains cas, à des indemnités qui peuvent s'élever jusqu'à 1,000 francs de rente.

2° Le premier n'applique le risque professionnel qu'aux usines et chantiers de la grande industrie; le second, au contraire, étend le principe à toute entreprise industrielle, agricole ou même commerciale, quelle qu'en soit l'importance.

3° M. Faure ne modifie rien à la responsabilité de droit commun, parce que, dit-il, le système du risque professionnel à la charge de l'employeur rend inutile le renversement de la preuve. M. Lagrange, au contraire, dans son projet, rejette la charge de la preuve sur le patron.

La Commission a repoussé ce système sans que son rapporteur en ait donné des raisons bien précises, mais elle s'en est certainement inspirée, dans une large mesure, dans le projet qu'elle a élaboré.

Le troisième système est celui de M. Rouvier auquel se rattache, autant qu'au type précédent, le projet ministériel présenté au commencement de 1886 par M. Lockroy. Il institue, à côté de la responsabilité de droit commun de l'article 1382, non pas une responsabilité spéciale comme les projets de MM. Lagrange et Faure, mais l'obligation pour le patron et l'ouvrier de contracter par moitié une assurance à raison du risque professionnel, cette assurance devant garantir des indemnités au moins égales aux pensions et secours de la Caisse d'assurances de 1868 quand la prime est égale à 8 francs. Contractée par les soins du patron, soit auprès d'une Compagnie particulière, soit auprès de la Caisse de l'État, elle peut du reste prévoir une indemnité supérieure à celle résultant du fonctionnement de cette dernière. Le projet de M. Lockroy diffère de celui de M. Rouvier en ce que, comme celui de M. Lagrange, il renverse la preuve dans la responsabilité de droit commun.

La Commission a considéré que la loi ne devait pas imposer au patron et à l'ouvrier l'obligation de l'assurance, une telle disposition lui ayant paru contraire au principe de la liberté du travail. D'autre part, elle n'a pas pensé que le renversement de la preuve donnât une solution satisfaisante de la question. Il ne lui restait plus, comme le dit son rapporteur, qu'à entreprendre une étude générale de la question en s'aidant des idées contenues dans les projets qu'elle avait repoussés. Seulement elle a semblé prendre à tâche d'emprunter à chacun ce qu'il présentait de moins heureux, sans accepter les correctifs qui pouvaient rendre à la rigueur certaines dispositions moins inacceptables. Il suffit certainement de lire avec attention le texte que nous donnons ci-après pour y relever les innovations les plus dangereuses et en même temps les contradictions les plus étranges.

PROPOSITION DE LOI

Des indemnités en cas d'accident.

·Article premier

Tout accident survenu dans leur travail aux ouvriers et employés occupés dans les usines, manufactures, chantiers, mines, minières, carrières, entreprises de transport et en outre dans toute exploitation où il est fait usage d'un outillage à moteur mécanique, donne droit, au profit de la victime ou des ayants droit, à une indemnité dont l'importance et la nature sont déterminées ci-après.

Cette indemnité est à la charge de l'entreprise, quelle qu'ait été la cause de l'accident.

Toutefois il ne sera dû aucune indemnité à la victime qui aura volontairement provoqué l'accident.

Art. 2.

Lorsque l'accident aura occasionné une incapacité absolue de travail, la victime aura droit à une pension viagère dont le montant pourra varier selon les circonstances.

Cette pension ne pourra pas être inférieure au tiers du salaire moyen annuel de la victime, ni supérieure aux deux tiers de ce salaire. Elle ne pourra, en aucun cas, être moindre de 400 francs par an pour les hommes, ni de 250 francs par an pour les femmes.

Art. 3.

Si l'accident n'a occasionné qu'une incapacité partielle de travail, la pension attribuée à la victime par l'article précédent sera diminuée dans la proportion de la capacité de travail restante.

Art. 4.

Si l'accident a été suivi de mort, l'indemnité comprendra :

1° Vingt fois le salaire quotidien de la victime à titre de frais funéraires ;

2° Une rente au profit des ayants droit de la victime à partir du jour du décès, à savoir :

A. — Pour la veuve du mort, jusqu'à son décès ou jusqu'à ce qu'elle contracte un nouveau mariage, une rente égale à 20 0/0 du salaire moyen annuel de la victime.

B. — Pour les enfants orphelins de père jusqu'à l'âge de quatorze ans accomplis, une rente calculée sur le salaire moyen annuel de la victime, à raison de 15 0/0 de ce salaire s'il n'y a qu'un enfant, de 25 0/0 s'il y a deux enfants, de 35 0/0 s'il y a trois enfants et de 40 0/0 s'il y en a quatre ou un plus grand nombre. Si les enfants sont orphelins de père et de mère, cette rente sera portée pour chacun d'eux à 20 0/0 du salaire moyen annuel de la victime. L'ensemble des rentes accordées aux enfants ne pourra dans aucun cas dépasser 40 0/0 de ce salaire s'il n'y a que des enfants. Chacune de ces rentes devra, le cas échéant, être réduite proportionnellement.

C. — Si la victime était célibataire, ou veuf ou veuve sans enfants, pour les père et mère sexagénaires ou pour la mère veuve quel que soit son âge, dont la victime était un soutien indispensable, ou à défaut de ceux-ci pour les aïeul et aïeule sexagénaires de la victime, une rente à chacun d'eux égale à 10 0/0 du salaire moyen annuel de la victime.

ART. 5.

En cas de nouveau mariage, la veuve recevra une somme égale à trois fois le montant de la rente annuelle qui lui aura été attribuée en vertu de l'article précédent, et cette rente prendra fin à dater du jour du nouveau mariage.

La veuve n'a droit à indemnité que si le mariage était contracté avant l'accident.

ART. 6.

Les enfants naturels reconnus avant l'accident auront droit à la pension déterminée dans l'article 4, alors même qu'ils viendraient en concours avec des enfants légitimes.

ART. 7.

Dans le cas où l'accident aurait occasionné la mort d'une femme mariée, le mari, s'il reste des enfants issus du mariage, recevra à titre d'indemnité une somme égale à deux années du salaire de la femme, sans que cette somme puisse dépasser 2,000 francs.

ART. 8.

Dans tous les cas d'accidents ayant occasionné des blessures ou la mort, les frais de maladie, en outre des indemnités déterminées dans les articles 2, 3, 4, 5. 6 et 7 de la présente loi, seront aussi à la charge du chef de l'entreprise, sans que ces frais puissent toutefois dépasser la somme de cent francs (100 fr.).

Pendant la maladie provenant des suites de l'accident et l'incapacité temporaire de travail, la victime recevra une indemnité égale à la moitié de son salaire, sans que cette indemnité puisse être supérieure à 2 fr. 50 c. par jour.

Cette indemnité temporaire ne sera servie que pendant une période de temps ne dépassant pas trois mois à dater du jour de l'accident. Après ce délai, il sera fait droit au règlement de l'indemnité prévue par les articles 2 et 3 de la présente loi. Toutefois, si les conséquences de l'accident n'ont pas produit tout leur effet sur l'état de la victime, le juge pourra surseoir au jugement pendant un temps au cours duquel l'indemnité temporaire prévue au présent article continuera à être servie.

Art. 9.

La responsabilité du chef d'entreprise en raison d'accidents survenus dans les conditions prévues à l'article premier est déterminée par les dispositions de la présente loi dans tous les cas, sauf celui où une condamnation pénale aurait été prononcée contre lui en raison de l'accident.

Les indemnités prononcées à la suite de cette condamnation ne se cumuleront pas avec celles prévues par la présente loi.

TITRE II

Détermination du salaire moyen.

Art. 10.

Le salaire moyen annuel, au sens de la présente loi, s'entend d'une somme égale à trois cent fois le salaire quotidien de l'ouvrier au moment de l'accident. Si une portion du salaire est fournie en nature, le juge fera l'évaluation des choses fournies suivant les usages et les prix du lieu.

Si l'ouvrier ou l'employé est payé à la semaine, le salaire annuel moyen s'entend de cinquante fois le salaire de la semaine ; s'il est payé au mois, le salaire moyen annuel s'entend de douze fois le salaire mensuel.

Si l'ouvrier est payé à la tâche ou à la pièce, le salaire moyen annuel s'entend d'une somme égale à trois cents fois le gain moyen des quinze jours de travail qui ont précédé l'accident ou, si l'ouvrier était depuis moins longtemps occupé à l'entreprise, des jours pendant lesquels il a travaillé.

Pour l'ouvrier, mineur de dix-huit ans, et l'apprenti, victimes d'un accident, le salaire moyen annuel ne sert de base à la fixation de l'indemnité que s'il est égal ou supérieur à une somme composée de trois cents fois le salaire quotidien le plus bas des ouvriers de la même profession, occupés dans l'entreprise où l'accident a eu lieu. Dans le cas contraire, le calcul des indemnités sera basé sur cette dernière somme.

TITRE III

De la déclaration des accidents et de l'enquête.

Art. 11.

Tout accident survenu dans une des entreprises prévues dans l'article premier de la présente loi sera l'objet d'une déclaration par le chef de l'entreprise ou, à son défaut et en son absence, par son préposé.

Cette déclaration devra être faite dans le délai de vingt-quatre heures, à dater du moment de l'accident.

Elle sera faite concurremment devant le maire de la commune et devant le juge de paix du canton, qui en dresseront chacun procès-verbal.

La forme de ce procès-verbal sera déterminée par un règlement d'administration publique.

Récépissé sera délivré séance tenante au déposant.

Art. 12.

Dans les vingt-quatre heures de la déclaration, le juge de paix devra procéder à une enquête à l'effet de constater :

1º La cause, la nature et les circonstances de l'accident ;

2º La personne ou les personnes tuées ou blessées ;

3º La nature des blessures produites ;

4º Le lieu où se trouvent les personnes blessées ou tuées ;

5º Les parents des personnes tuées ou blessées dans l'accident et qui pourraient prétendre à une indemnité.

Art. 13.

Le juge de paix commettra immédiatement un médecin et au besoin un expert, homme de l'art, qui l'assisteront dans l'enquête. Elle aura lieu contradictoirement, en présence des parties intéressées, ou elles dûment convoquées par billet d'invitation décerné sur l'heure.

Art. 14.

L'enquête devra être close dans le délai de huit jours francs, à dater de son ouverture.

La minute en sera conservée au greffe de la justice de paix. Le juge de paix avertira par simple lettre les parties, de la clôture de l'enquête et du dépôt de la minute au greffe, où elles pourront toujours en prendre connaissance ou copie.

Expédition devra en être délivrée sur papier libre, à la demande et aux frais des intéressés.

TITRE IV

De la fixation de l'indemnité et de la procédure.
Dispositions pénales.

Art. 15.

Le dossier de l'enquête prévue à l'article 12 de la présente loi sera, le jour même de la clôture, transmis au président du tribunal de l'arrondissement où l'accident aura eu lieu.

Dans les huit jours de cette transmission, le président convoquera les parties en son cabinet à l'effet de tenter une conciliation.

Si les parties se concilient, le président rendra une ordonnance qui constituera le titre des parties.

Si les parties ne tombent pas d'accord, le président les renverra devant le tribunal qui statuera comme en matière sommaire, conformément au titre 24 du livre II du Code de procédure civile.

Les parties pourront être représentées par fondés de pouvoir.

Art. 16.

La victime d'un accident ou ses ayants droit jouiront, de plein droit, du bénéfice de l'assistance judiciaire pendant toute la procédure et pour l'exécution du jugement.

Dès la réception du dossier de l'enquête, le président du tribunal invitera le président de la Chambre des avoués et le syndic des huissiers à désigner un avoué et un huissier pour assister la victime ou ses ayants droit.

Art. 17.

Les jugements, rendus en vertu de la présente loi, seront exécutoires par provision, nonobstant opposition ou appel.

Ils pourront être exécutés sur simple extrait qui devra être délivré par le greffier du tribunal, dans le mois du prononcé du jugement.

Il en sera de même pour l'exécution des ordonnances de conciliation.

Art. 18.

Tous les deux mois sera dressé, par les soins du président du tribunal, un tableau présentant l'état d'avancement des affaires en cours d'instance.

Ce tableau sera communiqué au procureur général par les soins du procureur de la République. Il restera, en outre, au greffe à la disposition des intéressés.

ART. 19.

Seront punis d'une amende de 50 francs au moins et de 500 francs au plus, les chefs d'industrie ou leurs préposés qui auront contrevenu aux dispositions de l'article 11 de la présente loi.

L'article 463 du Code pénal est applicable aux condamnations prononcées en vertu du paragraphe précédent.

ART. 20.

Les rentes, pensions et indemnités accordées aux victimes d'accident ou à leurs ayants droit en vertu de la présente loi, sont incessibles et insaisissables ; elles sont, en outre, privilégiées au même titre que celles énumérées dans l'article 2101 du Code civil.

En cas d'assurance contractée par le chef de l'entreprise, l'ouvrier ou l'employé victime d'un accident et ses ayants droit auront un privilège dans les termes de l'article 2102 du Code civil sur l'indemnité due par l'assureur.

ART. 21.

L'action en indemnité prévue par la présente loi se prescrit par un an à dater du jour de l'accident.

ART. 22.

Toute convention contraire à la présente loi est nulle de plein droit.

TITRE V

Des Syndicats d'assurance mutuelle.

ART. 23.

Les chefs d'entreprise pourront former entre eux des syndicats à l'effet de constituer des caisses d'assurance mutuelle contre les risques prévus par la présente loi.

Ces caisses seront basées sur la répartition annuelle des charges résultant des accidents.

ART. 24.

Les statuts des syndicats prévus par l'article précédent devront satisfaire aux conditions suivantes :

1° Un capital divisé en parts ou actions et égal à la quarantième partie au moins du total des salaires annuels payés dans l'année qui précède, par les membres du syndicat, devra être constitué et effectivement versé avant l'entrée ne fonctions du syndicat. Le nombre des établissements syndiqués devra être au moins de dix ;

2º Une commission spéciale sera instituée par les statuts à l'effet d'établir un tarif des risques d'accidents que peuvent présenter les exploitations syndiquées et aussi de classer tous les ans chaque établissement syndiqué dans l'une des catégories dudit tarif de risques ;

3º Les indemnités encourues pendant l'année par l'ensemble des membres du syndicat, ainsi que les frais généraux du syndicat, seront répartis en proportion du montant des salaires annuels payés par chacun d'eux multipliés par le taux du tarif de risques qui lui est applicable ;

4º Les statuts détermineront les conséquences des cessations d'exploitation et notamment le moyen de garantir le recouvrement des contributions encourues par les chefs d'industrie qui cessent leur exploitation.

Art. 25.

Les statuts des syndicats prévus en l'article 23 devront être soumis à l'homologation du Ministre du Commerce. A cet effet, ils seront déposés à la Préfecture du département où les syndicats auront leur siège social, au moins trois mois avant leur mise en vigueur.

Si, dans les trois mois du dépôt des statuts à la Préfecture, le Ministre du Commerce n'a pas pris une décision refusant l'homologation, cette homologation sera tenue pour acquise.

Appel de la décision du Ministre refusant l'homologation pourra toujours être fait devant le Conseil d'État.

Art. 26.

La Caisse nationale d'épargne est autorisée à ouvrir, aux syndicats prévus par les articles précédents, un compte courant portant intérêt et dont le montant n'est pas limité.

Au crédit de ce compte sera versé en dépôts, à titre de garantie, une somme égale au capital minimum prévu au paragraphe 1er de l'article 24.

L'intérêt de ce capital pourra être retiré annuellement par les syndicats.

Au débit du même compte, la Caisse nationale d'épargne paiera, sur état certifié par l'Administration des syndicats, les indemnités dues conformément à la présente loi. Ces paiements auront lieu à titre d'avances portant intérêt à 4 0/0.

Art. 27.

Chaque année, la Caisse nationale d'épargne fournira aux syndicats un extrait de leur compte d'avances et d'intérêts.

La somme nette des avances faites, intérêts compris, sera remboursée à la Caisse nationale d'épargne dans les trente jours de la remise du compte.

Seront reçus par la Caisse nationale d'épargne, en remboursement de ses avances, les mandats de répartition à fournir par les syndicats sur leurs membres, conformément au paragraphe 3 de l'article 24. Ces mandats seront encaissés sans frais ni commission par l'Administration des postes et télégraphes.

Les mandats irrécouvrés sont retournés au syndicat; ils sont portés en débit au compte d'avances et compris dans la répartition du prochain exercice.

Art. 28.

La Caisse nationale des retraites constituera sur versements à capital aliéné, effectués entre ses mains par les syndicats ou par la Caisse nationale d'epargne en leur nom, les rentes viagères ou à terme attribuées aux victimes d'accidents, à leurs veuves, à leurs enfants mineurs ou à leurs ascendants, en vertu de la présente loi, quel que soit l'âge des ayant-droit. Les rentes au profit des veuves comporteront le paiement de la somme qui leur est attribuée par l'article 5 pour le cas où elles se remarieraient.

Des tarifs pour la constitution de ces rentes seront établis par cette caisse dans les six mois de la promulgation de la présente loi. Ces tarifs seront revisés au moins tous les cinq ans.

Art. 29.

Les membres des syndicats demeurent solidairement responsables des avances faites par la Caisse nationale d'épargne et des capitaux à verser à la Caisse nationale des retraites.

TITRE VI

De l'assurance sous la garantie de l'Etat.

Art. 30.

La Caisse d'assurance en cas d'accident, créée par la loi du 15 juillet 1868, est autorisée à effectuer des assurances ayant pour objt de garantir, dans les limites indiquées ci-après, les chefs d'entreprise contre les conséquences pécuniaires de la responsabilité déterminée par la présente loi.

Art. 31.

L'assurance prévue par l'article précédent garantit :

1° En cas d'incapacité absolue de travail, une rente viagère égale au tiers du salaire de la victime, sans que cette rente puisse être moindre de 400 francs pour les hommes, ni de 250 francs pour les femmes;

2° En cas d'incapacité partielle de travail, une fraction de la rente viagère précédente proportionnelle, à l'incapacité de travail constatée;

3º En cas de mort, les rentes et indemnités prévues aux articles 4, 5, 6, 7 et 8, § 1, de la présente loi;

4º En cas d'incapacité temporaire de travail, l'indemnité prévue par l'article 8, § 2, de la présente loi.

ART. 32.

L'assurance contre les conséquences pécuniaires de la responsabilité en cas d'acccident est contractée, à peine de nullité, collectivement pour tous les ouvriers et employés d'une exploitation.

Elle a lieu pour une année, sur une liste nominative des ouvriers et employés de l'entreprise et moyennant une prime calculée sur l'ensemble des salaires moyens annuels, sans que le salaire individuel d'un assuré puisse être compté pour moins de 1,200 francs pour les hommes et de 750 francs pour les femmes.

Les changements survenus dans la composition du personnel de l'entreprise seront notifiés tous les trois mois à la Caisse d'assurance. Si ces changements accusent une augmentation de l'ensemble des salaires des ouvriers employés, la prime sera perçue sur le montant de cette augmentation pour le trimestre suivant.

Ne seront garanties par l'assurance que les indemnités encourues en raison d'accidents survenus à des ouvriers ou employés compris dans la dernière liste nominative, ou occupés depuis moins de trois mois et un jour après la date de la dernière notification de changement à cette liste.

ART. 33.   —

L'assurance pourra exceptionnellement, et pour des entreprises qui ne fonctionnent qu'une partie de l'année, être faite pour une durée de trois mois seulement, et moyennant une prime égale au tiers de la prime annuelle.

Dans ce cas, elle a lieu sur une déclaration indiquant le nombre moyen des ouvriers et employés de l'entreprise, et le montant total de leurs salaires moyens annuels,

Les indemnités encourues ne seront garanties par cette assurance que si le nombre des ouvriers occupés à l'entreprise au moment de l'accident ne dépasse pas de 20 0/0 le nombre moyen déclaré lors de l'assurance.

ART. 34.

Les industries sont classées en vue de l'assurance en cinq catégories, suivant les risques d'accident qu'elles comportent.

Ce classement sera revisé chaque année d'après les résultats constatés à l'année précédente, et, s'il y a lieu, modifié par décision du Ministre du Commerce, prise sur le rapport de la Commission supérieure de la Caisse d'assurance.

En tout temps le Ministre du Commerce pourra, sur le rapport du directeur de la Caisse d'assurance en cas d'accidents, classer, par assimilation à l'un ou l'autre des tableaux prévus aux paragraphes précédents, toute industrie nouvelle ou toute industrie qui aurait été omise à ces tableaux.

Pour la première année, à dater de la promulgation de la présente loi et jusqu'au 31 décembre suivant, les industries sont classées conformément aux tableaux A, B, C, D et E annexés à la présente loi.

Art. 35.

Chaque année, par une décision qui sera insérée au *Journal officiel* le 1er octobre au plus tard, le Ministre du Commerce, sur le rapport de la Commission supérieure de la Caisse d'assurance, fixera le taux des primes d'assurance pour l'année qui commencera le 1er janvier suivant.

Ce taux sera calculé sur les résultats de l'année antérieurement connue, et de manière que le montant des primes perçues couvre entièrement les prévisions de dépenses de la Caisse d'assurance.

Art. 36.

Pour la première année, à dater de la promulgation de la présente loi et jusqu'au 31 décembre suivant, les primes sont fixées ainsi qu'il suit pour chaque mille francs du salaire moyen des ouvriers et employés de l'entreprise assurée :

Industries classées au tableau A	. . . . . .	Francs.	24
—	—	B	. . . .	17
—	—	C	. . . .	12
—	—	D	. . . .	9
—	—	E	. . . .	6

Ces primes sont diminuées de 25 0/0 pour les femmes.

Art. 37.

La Caisse d'assurance en cas d'accident est, en outre, autorisée à effectuer des assurances ayant pour objet de payer aux personnes autres que celles désignées dans l'article premier de la loi ou à leur ayants droit, les pensions et indemnités en cas d'accident, déterminées à l'article 31 de la présente loi.

Ces assurances auront lieu :

1° Pour les personnes travaillant pour leur compte dans des industries comprises à l'un des tableaux A, B, C, D et E annexés à la présente loi, moyennant le paiement de la prime correspondante à ce tableau ;

2° Pour les personnes occupées à des travaux agricoles ou industriels dans des entreprises autres que celles comprises à ces tableaux, moyennant le paiement d'une prime égale aux neuf dixièmes de celle déterminée pour les industries au tableau E, sans que cette prime puisse être inférieure, par personne assurée, à 6 fr. 50 c. pour les hommes, ni à 4 francs pour les femmes.

Si l'assuré travaille pour son compte, le montant de la prime à payer et celui des indemnités à servir en cas d'accident seront calculés d'après l'indication d'un gain annuel conventionnel qui ne pourra être moindre de 1,200 francs par an, ni supérieur à 2,000 francs.

Le taux de la prime pourra être modifié chaque année par décision du Ministre du Commerce, prise conformément aux dispositions de l'article 35 de la présente loi.

ART. 38.

Les contrats d'assurance prévus par l'article précédent pourront stipuler que l'indemnité, en cas d'incapacité absolue du travail, sera de la moitié ou des deux tiers du salaire servant de base à la prime et que l'indemnité, en cas d'incapacité partielle de travail, sera calculée sur ce taux, conformément aux dispositions de l'article 31.

Dans ce cas, la prime sera augmentée de 30 0/0 si l'indemnité ainsi prévue est de moitié du salaire, et de 60 0/0 si cette indemnité est des deux tiers du salaire.

ART. 39.

Les demandes de pensions ou d'indemnités prévues par les articles 35 et 36 seront réglées conformément aux dispositions du décret du 10 août 1868 portant règlement d'administration publique pour l'exécution de la loi du 11 juillet 1868.

Les indemnités et pensions déterminées par les articles 30 et 31 seront liquidées sur la production d'un extrait de l'ordonnance de conciliation du jugement ou de l'arrêt prévus aux articles 15 et suivants de la présente loi.

ART. 40.

Les rentes viagères ou à terme qui seront à la charge de la Caisse d'assurance, en vertu de la présente loi, seront servies par la Caisse des retraites moyennant la remise qui lui sera faite par la Caisse d'assurance du capital nécessaire à la constitution desdites rentes, d'après les tarifs de la Caisse des retraites.

ART. 41.

La Caisse nationale des retraites délivrera gratuitement des certificats constatant l'inscription à son Grand-Livre des rentes qu'elle est chargée de servir en vertu de la présente loi. Ces certificats seront transmis par la Caisse nationale d'épargne aux syndicats d'assurance mutuelle et par la Caisse d'assurance en cas d'accident aux assurés.

Les inscriptions hypothécaires qui auraient pu être prises sur les biens des chefs d'entreprise en raison des rentes prévues à la présente loi seront rayées sur la présentation de ces certificats.

Tableau A

Scieries mécaniques ; — entreprises de couvertures de bâtiments ; — plombeurs et zingueurs en bâtiments ; — fabriques de matières explosives et de feux d'artifices ; — cartoucheries ; — mines de houille, fours à coke et fabriques d'agglomérés ; — fabrique d'asphaltes ; industrie des transports ; camionnage, roulage ; chemins de fer ; — emploi de locomobiles, de moteurs mécaniques divers, de machines à battre le blé, à hacher la paille.

Tableau B

Carrières de pierre, de marbre, d'ardoise ; — usines à chaux, ciment ; — Entreprises de bâtiments et maçonnerie ; — charpentiers ; — entreprise de peinture en bâtiments ; — puisatiers ; — brasseries ; — fabriques et raffineries de sucre ; — fabriques de papier et de carton ; — construction de navires ; — fabriques d'amidon et de glicose ; — fabriques de pâtes alimentaires ; — fabriques de chocolat, de cacao, de chicorée ; — usines pour la préparation de légumes secs et de conserves alimentaires ; — distilleries d'alcool ; — hauts fourneaux et aciéries ; — fonderies et laminoirs de fer et d'acier ; — fabriques de parquets, menuiseries ; — tonnellerie ; — tourneurs et découpeurs de bois et métaux.

Tableau C

Moulins à farine et à riz ; — fabrique de produits chimiques et d'engrais ; — équarrissage ; — carrières de plâtre et d'argile et mines, autres que les mines de houille ; — ateliers de construction de machines et d'outils ; — usines à gaz ; — fabriques de vernis et de goudrons ; — fabriques et raffineries d'huiles minérales et d'essence ; — fonderies de suif, fabriques de bougies, de chandelles et de savons ; — fabriques de dégras et de graisses ; — fabriques d'essences et de parfumerie ; — poteries ; — fabriques de faïences et porcelaines ; — verreries.

Tableau D

Fabriques de plomb de chasse et balles ; — fabriques d'objets en bronze, en zinc, en plomb, etc. ; — fonderies de cuivre, de zinc, etc. ; — chaudronneries et fabriques d'objets de fer-blanc et de tôle ; — fabriques de clous, de vis, écrous, chaînes ; — fabriques de crayons ; — fabriques de serrures, de couteaux, de faux ; — fabriques de coffres-forts ; — fabriques de plumes métalliques, d'aiguilles et d'épingles ; — filatures et tissages mécaniques.

Tableau E

Fabriques de papiers peints, de toile cirée, de cuirs et courroies de transmission ; — fabriques de caoutchouc, de gutta-percha ; — tanneries ; — ateliers de cartonnage et de reliure ; — fabriques de bouchons, de peignes, de balais, de cannes, ombrelles et parapluies ; — fabriques de brosses et pinceaux ; — fabriques d'eau minérale artificielle ; — fabriques de vinaigres ; — fabriques de chapeaux et de casquettes ; — fabriques de feutre, de fourrures et de pelleterie ; — fabriques de gants et de souliers ; — imprimeries typographiques et lithographiques ; — fabriques de caractères typographiques ; — fabriques d'instruments de mathématiques, de physique, de chimie et de chirurgie, etc. ; — fabriques de lampes et d'appareils d'éclairage ; — fabriques d'orfèvrerie d'or et d'argent et de bijouterie ; — tréfilerie d'or et d'argent.

VALEUR JURIDIQUE DU PROJET

La Commission de la Chambre, comme nous l'avons dit plus haut et comme d'ailleurs on peut le voir d'après le texte ci-dessus, a traité de la même manière et le principe du renversement de la preuve et celui de l'assurance obligatoire : elle les a également repoussés. Elle a même eu la prétention de ne pas faire une innovation en proclamant le principe du risque professionnel. D'après son rapporteur, l'honorable M. Duché, il était contenu en germe dans le code civil.

C'était comme une perle cachée que les rédacteurs du code avaient malicieusement enfouie au fond d'un article, et il a fallu quatre-vingts ans et toute la sagacité de la Commission pour la découvrir.

Le rapport s'exprime ainsi :

Ce risque (le risque professionnel) n'est pas dû à un principe nouvellement reconnu de droit civil; il était, suivant nous, implicitement et même explicitement contenu dans la responsabilité de droit commun du chef d'entreprise. Ce dernier n'est-il pas en effet responsable du fait des personnes à son service et *des choses qu'il a sous sa garde ?*

Or, qu'est-ce que le risque professionnel, c'est-à-dire le cas fortuit ou de force majeure se produisant dans des entreprises où des forces élémentaires formidables sont enchaînées au service de l'homme, mais toujours prêtes à manifester leur aveugle puissance? Qu'est-ce que l'imprévu dans le fonctionnement des appareils destinés à utiliser ces forces redoutables? Qu'est-ce que la négligence même de l'ouvrier, amené par une habitude constante à ne plus tenir compte du danger spécial au travail dans un milieu particulier? Qu'est-ce que tout cela si ce n'est *le fait des choses que le chef d'entreprise a sous sa garde ?*

Toute l'argumentation de l'honorable rapporteur repose donc sur une phrase de l'article 1384, qui déclare l'homme responsable du fait des personnes dont il doit répondre et des choses qu'il a sous sa garde.

Les choses, par opposition aux personnes, sont de deux espèces : les choses vivantes, les animaux ; et les choses inertes.

Le fait d'un animal est une expression qui se comprend, un animal étant susceptible de volonté, et même, dans une certaine mesure, de volonté malfaisante.

Le fait d'une chose inerte ne se comprend pas.

Les choses inertes ne peuvent agir, que si une force quelconque, humaine ou naturelle, les fait sortir de leur état d'inertie.

La phrase du code, telle qu'elle est faite, n'aurait donc de sens littéral que si elle s'appliquait seulement aux choses animées. Il est pourtant certain, si on considère la généralité de l'expression employée à l'article 1384 et les articles 1385 et 1386, que le législateur a entendu viser le dommage causé par les choses dont on a la garde, qu'elles soient animées ou inanimées.

Mais comme l'expression de la pensée du législateur est essentiellement obscure et incomplète, c'est à l'interprétation qu'il appartient de rechercher et de mettre au jour le sens réel, caché sous cette forme vicieuse.

La règle de l'article 1156 en matière d'interprétation de convention est également vraie quand il s'agit d'interpréter la loi : il faut s'attacher avant tout à l'intention probable du législateur. Le moyen le plus sûr de découvrir cette intention est de rapprocher le passage à interpréter de ceux qui précèdent et de ceux qui suivent et de lui attribuer le sens qui cadre le mieux avec l'ensemble du contexte.

Des articles qui précèdent se dégage nettement ce principe que nous avons posé plus haut : l'obligation de réparer le dommage a sa cause dans la faute de l'auteur du dommage.

L'article 1384, où se trouve la phrase visée par la Commission, s'il semble à première vue contredire ce principe, ne fait en réalité que le confirmer. L'article 1384, en effet, en instituant la responsabilité indirecte de certaines personnes pour un dommage qu'elles-mêmes n'ont pas causé, ne fait qu'édicter contre elles une présomption de faute en raison de leur droit d'autorité et de leur devoir de surveillance sur les auteurs personnels du dommage. La loi raisonne ainsi : si les domestiques et préposés ont commis une faute dans l'exercice de leurs fonctions, il est vraisemblable que cette faute est due, soit à leur inhabileté, soit à un manque d'instructions précises ou de surveillance. Et celui qui prend à son service, pour remplir certaines fonctions, un homme sur les aptitudes duquel il ne s'est pas suffisamment renseigné ou qu'il ne surveille pas comme il doit le faire, celui-là risque que son serviteur cause par imprudence ou maladresse un dommage à autrui. Donc, s'il n'est pas la cause directe et occasionnelle du dommage, il en est bien la cause première.

De même, si un enfant mineur, un élève, un apprenti causent un dommage, il est vraisemblable que les parents, instituteurs ou artisans leur ont laissé contracter par défaut de surveillance des habitudes vicieuses.

Cette présomption légale peut se trouver fausse en bien des cas, mais il ne faut pas perdre de vue que la loi, en l'établissant, n'a nullement prétendu être infaillible. *Lex statuit de eo quod plerumque fit.* Or, il est certain que la présomption légale porte juste le plus souvent, et aussi que cette menace peut être un puissant stimulant pour engager les maîtres à bien choisir leurs serviteurs, les parents et les instituteurs à bien surveiller leurs enfants et leurs élèves.

En outre, il est assez naturel que les maîtres, parents, etc., qui ont souvent une certaine négligence originelle à se reprocher, soient atteints par la responsabilité civile, car sans leur intervention cette responsabilité serait le plus souvent illusoire. Il est rare, en effet, qu'un domestique ou un enfant possède des ressources personnelles suffisantes pour réparer pécuniairement le tort causé à autrui. Le tiers lésé pourrait bien obtenir un jugement, mais ce jugement resterait le plus souvent à l'état de lettre morte.

L'article 1384 n'infirme donc en rien le principe fondamental de la corrélation entre la responsabilité et la faute. Les articles suivants (1385 et 1386) ne font qu'appliquer ce même principe à deux cas particuliers de dommage causé par des choses.

Art. 1385. — Le propriétaire d'un animal ou celui qui s'en sert pendant qu'il est à son usage est responsable du dommage que l'animal a causé, soit que cet animal fût sous sa garde, soit qu'il fût égaré ou échappé.

Art. 1386. — Le propriétaire d'un bâtiment est responsable du dommage causé par sa ruine, lorsqu'elle est arrivée par suite du défaut d'entretien ou par le vice de la construction.

Ces deux articles ont une importance capitale dans la discussion qui nous occupe ; ils sont, en effet, le développement de l'article 1384, l'explication de ce que le législateur a entendu dire par ces mots : *le fait des choses.*

Si l'interprétation de la Commission pouvait être admise, la loi aurait dû, dans ces deux cas, prononcer contre le propriétaire, de la chose, cause du dommage, une présomption de faute invincible ne pouvant même pas être combattue par la preuve contraire. Or, bien que l'article 1385 soit muet sur ce point, la jurisprudence et la doctrine ont toujours été d'accord pour admettre que le propriétaire de l'animal pouvait s'exonérer de toute responsabilité en prouvant que la fuite de l'animal est due à un cas fortuit ou de force majeure, par exemple, un incendie.

En tout cas, l'article 1386 ne présente pas la même lacune, il limite d'une façon précise la responsabilité du propriétaire à deux cas : le vice de la construction et le défaut d'entretien. Dans le premier cas, le propriétaire est en faute parce qu'il aurait dû mieux choisir son architecte ou le surveiller plus étroitement ; dans le second, il est coupable de négligence, car son devoir est de veiller au bon état de son immeuble.

D'ailleurs, pour se convaincre que l'intention de la loi n'a jamais été d'établir, quand le dommage a été causé par des choses, une responsabilité générale indépendante de toute négligence, il suffit de relire les travaux préparatoires du code, notamment le discours prononcé par M. Tarrible, orateur du tribunat, dans la séance du corps législatif du 19 pluviôse an XII (9 février 1003). Cet orateur s'exprime ainsi :

Le dommage, pour qu'il soit sujet à réparation, doit être l'effet d'une faute ou d'une imprudence de la part de quelqu'un : s'il ne peut être attribué à cette cause, il n'est plus que l'ouvrage du sort dont chacun doit supporter les chances ;

mais s'il y a eu faute ou imprudence, quelle que soit leur influence sur le dommage commis, il en est dû réparation. C'est à ce principe que se rattache la responsabilité du propriétaire relativement au dommage causé par les animaux ou par la ruine d'un bâtiment mal construit ou mal entretenu.

Tout concorde, et le texte même de la loi, et les commentaires de ceux qui l'avaient rédigée, et l'interprétation constante qui lui a été donnée, depuis quatre-vingts ans, par les jurisconsultes sans distinction d'écoles.

Le rapporteur s'est donc étrangement mépris en croyant puiser dans le code civil le principe du risque professionnel. Ce principe constitue, au contraire, une innovation ; il est en contradiction absolue avec le reste de la législation.

Nous ne prétendons nullement refuser au législateur le droit d'introduire dans la loi un principe nouveau, d'une équité supérieure et d'une utilité reconnue. Nous demandons seulement que ce changement ne se fasse pas en quelque sorte par surprise, qu'on ne cherche pas à faire croire qu'on veut seulement développer les principes déjà existants.

En même temps, si l'on veut faire une œuvre sérieuse et durable, il faut se préoccuper des conséquences qu'auront les dispositions nouvelles par rapport à celles qu'on laisse subsister ; non seulement il faut mettre en harmonie les textes anciens et les nouveaux, mais il faut encore que l'ensemble ne soit pas contraire à la logique.

A notre avis, la Commission ne semble s'être préoccupée ni de l'une ni de l'autre de ces deux questions.

En même temps qu'elle introduisait dans la loi le principe du risque professionnel, c'est-à-dire une modification essentielle à la responsabilité de l'ouvrier, elle aurait dû modifier également la responsabilité du patron. Supposons la loi nouvelle adoptée. Elle déclare que l'ouvrier ne doit pas porter le poids, non seulement des cas fortuits et de force majeure, mais encore de sa propre faute ; et notons qu'il n'y a pas lieu de distinguer entre la faute légère et la faute lourde. Il suffit, pour que l'indemnité soit due, qu'il ne puisse être établi que l'ouvrier a causé volontairement l'accident. La Commission se fonde sur ce que l'ouvrier est amené par une habitude constante à ne plus tenir compte du danger spécial au travail dans un milieu particulier. Fort bien ; mais ce milieu particulier existe aussi pour le patron. Le patron, comme l'ouvrier, est habitué à voir le travail s'exécuter sans accident dans des conditions que l'emploi de certaines « forces élémentaires » où la nature même de la profession rendent dangereuses. Et cependant la moindre négligence de sa part entraîne une condamnation pénale, en vertu des articles 319 et 320 du code pénal et le fait déchoir du même coup du benefice de l'assurance par syndicats mutuels.

L'article 9 dit en effet : « La responsabilité du chef d'entreprise, en raison d'accidents survenus dans les conditions prévues à l'article premier, est déterminée par les dispositions de la présente loi dans tous les cas, sauf celui où une condamnation pénale aurait été prononcée contre lui en raison de l'accident. Les indemnités prononcées à raison de cette condamnation ne se cumuleront pas avec celles prévues par la présente loi. »

Donc les dispositions subséquentes de la loi ne sont pas applicables au chef d'entreprise condamné, notamment celles qui constituent des syndicats d'assurances mutuelles. Il est d'ailleurs unanimement admis aujourd'hui par la jurisprudence et par la doctrine qu'on ne peut s'assurer contre les dommages provenant de son propre délit, parce qu'il est contraire à l'ordre public qu'un contrat prévoie un fait délictueux et transige sur ses conséquences éventuelles.

Or, les articles 319 et 320 sont formels et la jurisprudence les applique largement. La plus légère inattention est punissable pénalement quand elle a occasionné des blessures. Donc, tandis que la faute, même grossière et inexcusable de l'ouvrier, du moment qu'elle n'est pas volontaire, c'est-à-dire intentionnelle, ne suffira pas pour lui enlever le droit à l'indemnité, la faute la plus légère, la plus excusable du patron suffira à lui enlever le bénéfice même de l'assurance.

Cette disposition est imitée de la loi allemande, mais on l'a introduite dans la loi française, sans faire attention à un point essentiel.

Les Allemands, en faisant la loi de 1884, ont reculé de quelque quinze cents ans et sont revenus au vieux droit germain, au prix du sang. A l'égard de l'ouvrier, il n'y a pas lieu de se préoccuper si le patron a ou non commis une faute, la corporation est débitrice dans tous les cas, la question de culpabilité du patron est à régler ultérieurement entre la corporation et lui: l'ouvrier n'a rien à y voir. En France, au contraire, les indemnités ne devant pas se cumuler, l'ouvrier aura le plus souvent intérêt à intenter un procès qui peut lui donner une indemnité très supérieure à celle que lui ferait obtenir le risque professionnel. En outre, en Allemagne, le patron n'est punissable que pour une faute lourde, tandis qu'en France, en vertu du code pénal, il est punissable pour la plus petite négligence.

Il aurait donc fallu apporter quelques modifications aux articles 319 et 320, d'autant plus que la coexistence de ces deux articles avec la loi nouvelle amènerait une étrange anomalie.

La faute même lourde de l'ouvrier ne lui enlève pas le droit à l'indemnité. Mais l'accident causé par cette faute a pu blesser d'autres ouvriers. Si, dans ces conditions, l'ouvrier, auteur de l'accident, est traduit devant les tribunaux, il sera certainement condamné en vertu des articles 319 et 320. Et voilà un homme condamné pénalement et auquel le patron devra cependant une indemnité. Qu'on fasse la loi comme on voudra, mais vraiment qu'on nous épargne des résultats aussi comiques!

Quand on pose un principe, en droit comme en philosophie, il faut l'accepter dans toute son étendue et toutes ses conséquences; c'est même un moyen pratique que nous nous permettons de recommander aux Commissions parlementaires pour reconnaître si un principe est juste et vrai. Or, le rapport s'arrête en route et ne va pas jusqu'au bout du principe posé.

Toutes les professions présentent un risque professionnel spécial, depuis le balayeur des rues, qui peut être écrasé par une voiture, jusqu'au mécanicien qui peut être tué par une explosion de sa chaudière. Toutes s'exercent dans un milieu particulier fait de dangers spéciaux. Pourquoi donc distinguer entre elles? Pourquoi créer une catégorie d'ouvriers privilégiés qui jouiront du bénéfice de la loi nouvelle, tandis que les autres en seront privés? Poser une limite au principe des risques professionnels, c'est faire acte d'arbitraire, par conséquent d'illogisme.

Le rapport de la Commission en donne lui-même la meilleure preuve. A la page 38, il s'exprime ainsi :

« Mais..... pour que le risque professionnel prenne naissance, » pour que le chef d'entreprise encourre cette responsabilité en » raison des choses qu'il a sous sa garde, il faut que l'ensemble de » ces choses existent d'une manière permanente et constante et que » le milieu ordinaire de l'existence en soit en quelque sorte mo- » difié. C'est dans la grande industrie ou dans des entreprises » analogues, ou dans celles auxquelles l'emploi des forces élémen- » taires comme moteur communique un caractère particulier de » danger, *c'est dans ces industries seules* que le risque professionnel » peut être légitimement reconnu. »

Voici qui est clair, et nous en tirons cette conclusion : le petit patron, celui qui ne peut pas être qualifié de grand industriel, ne peut être atteint par la nouvelle loi, que s'il n'emploie comme moteur des forces élémentaires.

Or, nous ne voyons dans la loi aucun article qui différencie le petit patron du grand industriel, et si nous nous reportons à l'examen des tableaux annexés à la loi, nous y voyons figurer des industries comme celles des charpentiers, des puisatiers, du camionnage, qui n'emploient aucune force élémentaire.

On n'a pas davantage pris comme mesure le danger de la profession, car, comme le dit si justement M. de Courcy dans son beau travail *le Droit et les Ouvriers*, certaines professions, comme celles des élagueurs d'arbres, des bûcherons, des gardes-chasse, présentent des dangers professionnels indéniables et ne sont pas cependant comprises dans l'énumération de la Commission.

Que d'autres illogismes pourraient encore être relevés dans cette loi! Pour ne prendre qu'un exemple, est-il rien de plus étrange et de plus anormal que la situation des ouvriers agricoles?

Un propriétaire loue une machine pour battre du blé. Cette machine lui arrive avec un chauffeur et un mécanicien, c'est à lui à fournir les ouvriers nécessaires pour le surplus du travail. Quelle sera la situation de ces derniers? Sont-ils ouvriers agricoles, sont-ils ouvriers industriels, et, comme tels, bénéficient-ils de la loi nouvelle? En bénéficieront-ils tous, non seulement ceux qui jettent les gerbes dans la batteuse, mais ceux qui vont chercher les gerbes à la grange et ceux qui emportent les sacs de grains au grenier? Et puis, qui sera chef d'entreprise? Est-ce le mécanicien, est-ce le propriétaire? Autant de problèmes que la loi nouvelle pose sans en résoudre aucun, et l'on sait que les lois engendrent les procès, même quand elles sont claires, à plus forte raison quand elles ne le sont pas.

En deux mots, le projet de la Commission bouleverse et détruit les principes essentiels du code civil et ne met à la place que des règles confuses et insuffisamment étudiées.

CONCLUSION

Il nous resterait beaucoup à faire si nous voulions entreprendre l'examen approfondi du projet de la Commission au point de vue de ses conséquences pratiques, notamment de ses résultats financiers. Il nous faudrait, du reste, pour ces matières, une compétence que nous ne possédons pas.

Il est cependant une chose que nous pouvons dire sans crainte de nous tromper, c'est que les résultats de cette loi, tant pour les finances de l'État que pour l'industrie elle-même, seront évidemment désastreux. Il est trop facile de le prévoir en voyant en Suisse quelles charges fait peser sur l'industrie une législation moins dure cependant que le projet de la Commission, puisqu'elle se borne à renverser l'obligation de la preuve; en voyant, en Allemagne, avec quels embarras financiers les corporations sont aux prises.

On peut prédire avec assurance que les résultats seront chez nous plus mauvais qu'en Suisse, plus mauvais qu'en Allemagne. La Commission a, en somme, admis le principe allemand que la responsabilité absolue du chef d'entreprise est engagée par le fait seul qu'un accident se produit, quelle qu'en soit la cause. Mais, en Allemagne, le principe a un correctif : l'assurance obligatoire, la substitution de la responsabilité corporative à la responsabilité du patron, de l'association à l'individu. La Commission, jalouse de sauvegarder « la liberté complète du travail, l'indépendance absolue de l'initiative personnelle, la libre disposition du salaire et du gain », a repoussé ce correctif indispensable et peut-être même insuffisant. Le projet qu'elle a adopté présente tous les inconvénients de la loi allemande sans aucun de ses avantages.

En laissant subsister la responsabilité de droit commun parallèlement à la responsabilité nouvelle qu'il institue, il crée une source de confusion et d'obscurité dans la loi, prépare entre patrons et ouvriers des conflits incessants et des procès sans fin.

En traçant une distinction arbitraire et illogique entre les différentes professions, en refusant aux unes le bénéfice des dispositions qu'elle accorde aux autres, elle se condamne à n'avoir jamais qu'un caractère provisoire, à n'être qu'une œuvre incomplète, accomplie à la hâte, sous l'empire de préoccupations d'un ordre étranger.

Si nous avons essayé de faire ressortir tous ces inconvénients, dans une étude bien incomplète et bien imparfaite, nous n'avons jamais entendu condamner d'avance toute modification à la législation actuelle, ni soutenir que le code civil doive demeurer la règle éternelle et immuable de notre civilisation.

Qu'on le change, si l'on juge ses dispositions incompatibles avec les progrès accomplis depuis un siècle. Nous demandons seulement qu'avant de détruire, on sache bien exactement ce qu'on veut édifier. Nous demandons qu'on pèse bien les conséquences de toute nature du changement qu'on fait, qu'on ne fasse pas une loi nouvelle comme on met une pièce à un vieil habit.

Une législation est un tout complet dont toutes les parties doivent être en harmonie les unes avec les autres. Il ne faut en remplacer une qu'avec un soin extrême et en prenant bien garde de ne pas détruire l'unité de l'ensemble. En un mot, pour reprendre notre comparaison de tout à l'heure : une législation est un habit; s'il peut être nécessaire d'y faire quelquefois des reprises, il faut tâcher qu'elles ne se voient pas.

IMPRIMERIE CENTRALE DES CHEMINS DE FER. — IMP. CHAIX, RUE BERGÈRE, 20, PARIS. — 757-2-8.

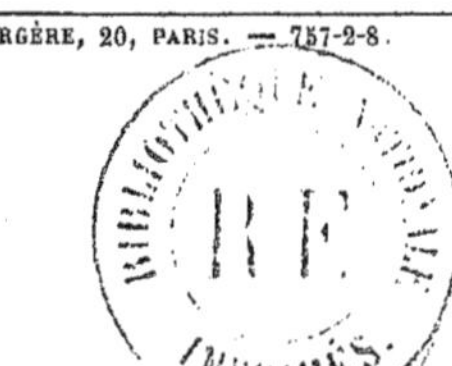